Y-5052

Recueil composé de 9 pièces dont 4 ont été notées, savoir

F. Ogier, [...] la mort de A. de Chabanne. 1655
la [...] défensive... 1650
J. [...] la grande [...] 1650
G. Saffin, [...] et la vie de D[...] de [...] 1650

LA RELATION VERITABLE,

De tout ce qui s'est passé en l'autre Monde, au combat des Parques & des Poëtes,

Sur la mort de VOITTVRE.

Et autres pieces Burlesques,

Par Mr SCARRON.

Y 1156

A PARIS,

Chez TOVSSAINCT QVINET, au Palais, sous la montée de la Cour des Aydes.

M. DC. XLVIII.
AVEC PRIVILEGE DV ROY.

RELATION

AV
LECTEVR,
QVI NE M'A IAMAIS VEV.

L ECTEVR, qui ne m'as iamais veu, & qui peut-estre ne t'en soucies gueres, à cause qu'il n'y a pas beaucoup à profiter à la veuë d'vne personne faite comme moy; Sçache que ie ne me soucierois pas aussi que tu me visses, si ie n'auois appris que quelques beaux esprits facetieux se resioüissent aux despens du miserable, &

AV LECTEVR.

me depeignent d'vne autre façon que ie ne suis fait. Les vns disent que ie suis cul de jatte; les autres que ie n'ay point de cuisses, & que l'on me met sur vne table dans vn estuy où ie cause comme vne Pie borgne, & les autres que mon chapeau tient à vne corde qui passe dans vne poulie, & que ie le hausse & baisse pour saluer ceux qui me visitent. Ie pense estre obligé en conscience de les empescher de mentir plus long-temps, & c'est pour cela que i'ay fait faire la planche que tu vois au commencement de mon Liure. Tu murmureras sans doute; car tout Lecteur murmure, & ie murmure comme les autres quand ie suis Lecteur; Tu murmureras, dis-je, & trouueras à redire, de ce que ie ne me monstre que par le dos. Certes ce n'est pas pour tourner le derriere à la compagnie, mais seulement à cause que le conuexe de mon dos, est plus propre à receuoir vne inscription, que le concaue de mon estomac, qui est tout couuert de ma teste penchante, & que par ce costé là, aussi bien que par l'autre, on peut voir la situation, ou plustost le plan irregu-

AV LECTEVR.

lier de ma personne. Sans pretendre de faire vn present au public, (car par Mesdames les neuf Muses, ie n'ay iamais esperé que ma teste deuint l'original d'vne medaille.) Ie me serois bien fait peindre, si quelque Peintre auoit osé l'entreprendre. Au defaut de la peinture, ie m'en vay te dire à peu pres comme ie suis fait.

I'ay trente ans passez, comme tu vois au dos de ma chaise. Si ie vay iusqu'à quarante, i'adiousteray bien des maux à ceux que i'ay desia soufferts depuis huit ou neuf ans. I'ay eu la taille bien faite, quoy que petite. Ma maladie l'a racourcie d'vn bon pied. Ma teste est vn peu grosse pour ma taille. I'ay le visage assez plein, pour auoir le corps tres-décharné: Des cheueux assez, pour ne porter point de perruque; I'en ay beaucoup de blancs, en dépit du Prouerbe. I'ay la veuë assez bonne; quoy que les yeux gros, ie les ay bleus; I'en ay vn plus enfoncé que l'autre, du costé que ie penche la teste. I'ay le nez d'assez bonne prise. Mes dents autresfois perles carrées, sont de couleur de bois, & seront bien tost de cou-

AV LECTEVR.

leur d'ardoiſe. J'en ay perdu vne & demie du coſté gauche, & deux & demie du coſté droit, & deux vn peu égrignées. Mes jambes & mes cuiſſes ont fait premierement vn angle obtus, & puis vn angle égal, & enfin vn aigu. Mes cuiſſes & mon corps en font vn autre, & ma teſte ſe penchant ſur mon eſtommac, ie ne repreſente pas mal à vn Z. J'ay les bras racourcis auſſi bien que les jambes, & les doigts auſſi bien que les bras. Enfin ie ſuis vn racourcy de la miſere humaine. Voila à peu pres comme ie ſuis fait. Puiſque ie ſuis en ſi beau chemin, ie te vais apprendre quelque choſe de mon humeur. Auſſi bien cet Auant-propos n'eſt fait que pour groſſir le Liure à la priere du Libraire, qui a eu peur de ne retirer pas les frais de l'Impreſſion. Sans cela il ſeroit tres-inutile, auſſi bien que beaucoup d'autres. Mais ce n'eſt pas d'aujourd'huy que l'on fait des ſottiſes par complaiſance, outre celles que l'on fait de ſon chef.

J'ay touſiours eſté vn peu colere, vn peu gourmand, & vn peu pareſſeux. J'appelle
ſouuent

AV LECTEVR.

souuent mon valet sot, & vn peu apres Monsieur. Ie ne hay personne. Dieu vueille qu'on me traitte de mesme. Ie suis bien aise quand i'ay de l'argent, & serois encor plus aise si i'auois la santé. Ie me resiouys assez en compagnie. Ie suis assez content quand ie suis seul. Ie supporte mes maux assez patiemment; Et il me semble que mon Auantpropos est assez long, & qu'il est temps que ie le finisse.

A MESSIEVRS
MES CHERS AMIS
MENAGE
ET
SARRAZIN,
OV SARRAZIN
ET MENAGE.

ESSIEVRS MES CHERS AMIS,

C'est faire d'vne pierre deux coups, que de dedier en mesme temps vn seul Liure à deux personnes. Ie ne

EPISTRE.

sçay si i'ay droit de me seruir d'vn tel Prouerbe, moy qui suis estropié des pieds & des mains : & si ce n'est point introduire vne nouueauté dans la Dedicatoire. Mais ie ne me pique pas d'escrire correctement, & ie fais fort bien de m'espargner vne Epistre liminaire, n'en ayant desia que trop fait, & en ayant beaucoup à faire, si i'ay la constance d'acheuer l'Eneide Burlesque. Le Liure que ie vous dedie contient enuiron mille Vers. Chacun de vous en aura cinq cens pour sa part. Vous en meritez sans doute dauantage. Aussi auois-je fait dessein d'y adiouster vn petit Roman, que i'ay commencé il y a quelque temps, qui promettoit quelque chose. Mais par malheur, ou par ma faute, ie n'ay pû empescher mon Heros, d'estre condamné à estre pendu à Pontoise, & cette

EPISTRE.

penderie là eſt ſi vray-ſemblable, que ie ne croy pas la pouuoir changer en quelque autre auanture, ſans donner vne mauuaiſe ſuitte à mon Roman, & faire vne faute de iugement.

Foin, au lieu de m'eſtendre ſur les loüanges, comme c'eſt la couſtume; ie me ſuis ſi fort eſloigné de mon ſujet, que ie ne ſçay ſi i'y pourray retourner. Pas trop foin pourtant; il vaut mieux tard que iamais; & ie puis faire mon Epiſtre tant longue que ie voudray. Tenez-vous donc bien, ie m'en vay vous loüer le plus fort que ie pourray. Mais par où commenceray-je? Ou par où ne commenceray-je point? Certes

Comme en cueillant vne guirlande,
On eſt d'autant plus trauaillé,
Que le parterre eſt eſmaillé
D'vne diuerſité plus grande.

Ie ne fus iamais ſi empeſché de ma

EPISTRE.

vie. Vous estes les deux plus beaux esprits de la robe & du manteau court. Vous possedez les Langues estrangeres, aussi bien que les possedez. Vous sçauez toutes les finesses de la nostre. Vous estes inimitables en Prose & en Vers, & les plus clair-voyans de tous les Critiques. L'vn de vous deux sçait danser, chanter & ioüer des instrumens,

Sans parler de la Lyre,
Cela s'en va sans dire.

Pour tirer de l'arc, saulter & lutter, ie n'en sçay rien : mais ie ne voudrois pas iurer qu'il n'y sceust quelque chose. Dans les conuersations il n'y a que pour vous ; on vous monstre au doigt dans les ruës. Vous estes bons, beaux, gracieux, iouieux, courtois, liberaux & mesme vaillans & amoureux, si vous auiez à l'estre, quoy que vos pro-

EPISTRE.

fessions vous dispensent du premier: & pour le second, ie ne doute point,

Que vous ne sçachiez bien ce que c'est que l'amour,
Et que dans vos ieunes années,
Ce Dieu qui se plaist fort chez les ames bien nées,
N'ait fait chez vous quelque sejour.

Enfin vous estes de veritables Vertueux, & tels, que quand quelqu'vn veut faire l'entendu, il dit; Ie viens de chez Menage; Ie m'en vay voir Sarrazin. Menage & Sarrazin me viennent de quitter. Et moy-mesme qui vous parle, quand quelqu'vn de vous, ou tous deux ensemble m'estes venus voir, ie ne puis m'empescher de le dire à tout le monde, & bien souuent deux ou trois fois à vne mesme personne, en quoy ie reconnois qu'il y a de la vanité en mon fait. Mais ne vous fais-je

EPISTRE.

point rougir? Car vous estes modestes aussi, & de ces visages qui rougissent aisément, & que i'ayme si fort. Là là remettez-vous, ie m'en vay vous laisser en paix: Quoy que

En si beau sujet de parler,
Le merite qu'on veut celer,
Souffre vne iniuste violence.

Au premier Liure que ie vous dédieray (car si ie vis, ie suis homme à vous en dédier encore:) I'espere que vous reconnoistrez, que mon style se sera fortifié par la lecture de quelques Epistoliers Modernes, que ie ne nomme point de peur de noise. Ie vous donne le bon soir, & suis de toute mon ame,

MESSIEVRS MES CHERS AMIS,

Vostre tres humble & tres-obeïssant seruiteur
SCARRON le Mesaigné.

TABLE

TABLE
DES PIECES
BVRLESQVES
De MR SCARRON.

A Relation veritable de tout ce qui s'est passé en l'autre Monde, au combat des Parques, & des Poëtes, sur la mort de Voitture, fol. 1

Inuocation aux Muses, sur la prise de Tortose, par Monseigneur le Mareschal de Schomberg, 17

Chorus des Muses, à Monseigneur de Schomberg, 23

Epistre à Madame la Comtesse de Fiesque, pour auoir vne Chienne qu'elle luy auoit promis, 25

Rogatum, à Messieurs Tubeuf, Lionne & Bertillac, pour estre payé de sa pension, 29

Recommandation à Monsieur du Laurant, 36

Epitaphe, sur vne Dame qui mourut constipée, 39

Epigrame, contre vne Chicaneuse, 40

TABLE.

Epistre à Mademoiselle de Leuuille, sur vne visite que luy rendit Madame de Villarceaux, & Madame de la Baziniere, 41

Epigrame, 45
Sonnet ou Epitaphe, 46
Courante, 48
Autre Courante, 50
Imprecations contre celuy qui luy a pris son Iuuenal, 52

PRIVILEGE DV ROY.

LOVIS par la grace de Dieu, Roy de France & de Nauarre: A nos Amez & Feaux Conseillers, les Gens tenans nos Cours de Parlement, Maistres des Requestes ordinaires de nostre Hostel, Baillifs, Seneschaux, Preuosts, leurs Lieutenans, & tous nos autres Officiers qu'il appartiendra, Salut. Nostre cher & bien amé TOVSSAINCT QVINET Marchand Libraire de nostre bonne Ville de Paris, Nous a fait dire & remonstrer, qu'il luy a esté mis és mains vn Liure, intitulé *La relation veritable, de tout ce qui s'est passé en l'autre Monde, au combat des Parques & des Poëtes, sur la mort de Voitture*, auec quelques autres pieces Burlesques, le tout composé par le sieur SCARRON: Lequel il desireroit faire imprimer, s'il auoit sur ce nos Lettres necessaires, requerant humblement icelles; A CES CAVSES, desirant bien & fauorablement traitter ledit Exposant, nous luy auons permis & octroyé, permettons & octroyons par ces presentes, faire imprimer, vendre & distribuer en tels lieux, pays, terres & seigneuries de nostre obeissance, que bon luy semblera, ledit Liure, par tels Imprimeurs qu'il voudra choisir, en tel volume & caractere qu'il desirera, durant le temps de cinq ans, à compter du iour qu'il sera acheué d'imprimer : Faisant defenses à toutes personnes de quelque qualité & condition qu'elles soient, de le faire imprimer, vendre & distribuer durāt ce temps, en aucun lieu de nostre obeissance, sans le consentement & permission dudit Exposant, ou de ceux qui auront droit de luy, sur peine de confiscation des Exemplaires, trois mil liures d'amende, applicable vn tiers à Nous, vn tiers à l'Hostel-Dieu de nostre bonne Ville de Paris, & l'autre tiers audit Exposant, & de tous defpens, dommages & interefts enuers luy; A la charge de mettre deux Exemplaires dudit Liure en noftre Bibliotheque, auant que de l'expofer en vente, à peine de nullité des prefentes. Du contenu defquelles, Nous voulons & vous mandons, que vous faffiez iouyr pleinement & paifiblement ledit Expofant, & ceux qui auront droit de luy, fans fouffrir qu'il leur foit donné aucun trouble ny empefchement. VOVLONS auffi qu'en mettant à la fin ou au commencement dudit Liure vn extrait des prefentes, elles foient tenuës pour deuëment fignifiées, & que foy foit adiouftée aux copies collationnées par l'vn de nos amez & feaux Confeillers & Secretaires, comme à l'Original. MANDONS au premier noftre Huiffier ou Sergent fur ce requis, faire tous exploits neceffaires, fans demander autre permiffion, nonobftant oppofitions ou appellations quelconques, clameur de Haro, Chartre Normande, prife à partie, ny autres chofes à ce contraires. CAR tel eft noftre plaifir. DONNE' à Paris le 4. iour de Septembre l'An de grace mil fix cens quarante-huit; Et de noſtre Regne le ſixiéme. Signé par le Roy en ſon Conſeil, BERAVD. Et ſeellé.

Acheué d'imprimer pour la premiere fois, le dernier iour de Septembre 1648.

Les Exemplaires ont eſté fournis.

VOICY LA

VOICY.
La RELATION
VERITABLE
De tout ce qui s'est passé en l'autre Monde, au combat des Parques & des Poëtes.

Sur la mort de VOITTVRE.

Par MR SCARRON.

PARQVES *vous auez fait des vostres,*
Celuy qui valloit tous les autres,
Que i'auois moy-mesme esleué,
Vous me l'auez donc enleué:
Vieilles gaupes, vieilles barbares,
Qui n'en voulez qu'aux hommes rares,

A

Combat des Parques,

Et qui mettez dans l'Vniuers
La sterilité des bons Vers :
Vous auez fait mourir Voitture,
Cette adorable creature.

Voitture qui fut si parfait,
Et vous pensez auoir bien fait,
Et vous auez fait pis que pendre,
Et les Muses vous deuroient prendre,
Et venger dessus vous le tort,
Que leur fait vne telle mort.
Vous auez fait mourir Voitture,
Cette adorable creature.
Voitture qui me fut si cher,
L'auez-vous fait pour me fascher ?
Vous ne me voulez pas respondre,
Vieilles que Dieu vueille confondre :
Et vous sousriez entre-vous.
Ha vrayment à force de coups,
Et ce seront coups d'estriuieres,
Ie vous apprendray Filandieres,
Que ie ne sçay pas mieux harper,
Que sur vieilles sans dens fraper.
Apollon ayant dit ces choses,
Tres-dignes des Metamorphoses,

Il fit signe au cher Catullus,
Au bon Horace, à Tibullus,
A Marot son valet de chambre,
Puis leur mit à chacun vn membre,
Ou nerf de bœuf entre les mains,
Et leur dit: Sans estre inhumains,
Vous pouuez sur ces mal-faisantes
Exercer vos dextres sçauantes.
Non pas en leur faisant Rondeau,
Mais en déchiquetant leur peau.
Cà donc sous leurs cottes troussées
Que ces vieilles soient bien fessées,
Et dessus le ventre & par tout,
Enfin qu'on me les pousse à bout.
Les braues Autheurs s'auancerent,
Mais les Parques les repousserent:
Lachesis d'vn coup de fuzeau
Marqua Marot sur le muzeau:
Atropos d'vn coup de sa mulle
Donna grand soufflet à Catulle:
Cloton d'vn rouet à filer
Fit bien Tibulle destaler:
Horace qui craignoit la touche,
Ne les attaqua que de bouche,

Combat des Parques,

Et leur dit tout ce qu'il y a
Dans l'Ode de Canidia.
Les Parques de cizeaux armées,
De ce bon succez animées
Se ruerent sur Apollon,
Et Cloton de son violon
Luy fit comme une bourguignotte.
Le bon Dieu luy troussa la cotte,
Et dessus ses fesses plaqua
Vn grand coup qui bien fort claqua.
Les Autheurs s'en mirent à rire,
Et Clement Marot oza dire,
Vieille Hou-hou, vieille Ha-ha,
Vostre chien de fessier en a.
Et la Parque dont la furie
S'augmenta par la raillerie,
Enfonça ie ne sçay comment
Sa quenoüille en son fondement.
Il gaigna l'huis faisant des esses,
Vne quenoüille entre les fesses,
Tel qu'un Hanneton quand au cu
Luy pendille un brin de festu.
Maistre Apollon par sa retraite
Crut sa partie estre mal-faite,

& des Poëtes.

Sans manchettes & sans rabat
Catulle estoit hors de combat.
Horace non plus que Tibulle
Resistance ne faisoient nulle.
Il alloit donc quitter tout la,
Quand pour son grand bon-heur, voila
Marot desquenoüillé qui rentre,
Qui luy remit le cœur au ventre.
Auec luy venoit saint-Gelais,
François Villon & Rabelais,
Plus laid que l'Amant de Siringue,
Qui tenoit en main la seringue,
Dont il donnoit des lauemens
A son maistre Euesque du Mans.
Cette seringue estoit remplie
D'eau forte, noire comme suye.
Les Fileuses il seringua,
Apollon les siens harangua :
Mais les Parques d'eux tous chargées,
Au lieu d'estre decouragées
Firent face de tous costez,
Leurs culs face à face ajustez.
Mais enfin leur manquoient les forces
Pour ioüer de cizeaux ou forces,

Et le foible cedoit au fort,
Quand le Destin ou bien le Sort,
Qui les Poëtes n'ayme guere,
Les vint attaquer par derriere,
Le Dieu qui ne s'en doutoit pas.
En recula deux ou trois pas:
Les Parques reprirent courage,
Et de combatre firent rage.
Ce Destin est vn Maistre Dieu,
Que l'on respecte en plus d'vn lieu.
Il n'est pas content des Poëtes,
Parce que dans leurs chansonnettes
Ils se plaignent fort du Destin,
Qu'ils appellent souuent lutin,
Comme aussi de la destinée,
Qu'ils disent contre eux acharnée.
Pour cela ce Destin ou Sort
Les tient pauures iusqu'à la mort,
Et n'a pour eux qu'vn cœur de roche.
Outre qu'il est parent bien proche
Des Parques, comme l'ont conté
Gens qui sçauent la parenté.
Les choses estoient en ces termes,
Les deux partis constans & fermes,

A donner comme à receuoir,
N'eſtoient pas mal plaiſans à voir.
Les Parques fort bien combatirent,
Et iamais Parques mieux ne firent:
Apollon tres-bien combatit,
Et iamais ce Dieu mieux ne fit.
Des Autheurs ie n'oſe rien dire,
Les vns ſauf l'honneur de la lyre,
Firent tres-mal, autres tres-bien,
Les autres vn peu plus que rien.
Cela veut dire quelque choſe,
Quand de ce different la cauſe
Voitture cét aimable eſprit
Ie ne ſçay pas comment apprit,
Que pour luy Parques & Poëtes
S'entr-enſanglantoient leurs mains nettes.
Comme il eut toûjours l'eſprit doux,
Exempt de tout mortel courroux,
Il ne pût apprendre ſans larmes,
Qu'il fuſt cauſe de ce fait d'armes.
Il courut donc à Iupiter
Dire qu'il euſt à ſe haſter,
Autrement que la Parquerie,
Et toute la Poëterie

Combat des Parques,

S'en alloient par des coups fourrez
Deuenir corps défigurez.
Ce Dieu ne prit pas son tonnerre,
N'allant pas pour faire la guerre,
Ny pour mortel foudrifier :
Il crut que pour pacifier,
Autant Parques comme Poëtes,
Vn foüet garny de sonnettes
Estoit vn baston suffisant.
En cét équipage plaisant
Il alla donc vers la meslée,
Qui s'estoit bien renouuellée :
Force gens auoient pris party,
Et le Ciel estoit my-party,
Les Gorgones & les Furies,
Qui sont dans les œuures fleuries
Des Poëtes vieux & nouueaux,
Peintes à crins de serpenteaux,
S'estoient aux Muses opposées,
Lesquelles bien scandalisées :
De voir trop tost dans le tombeau
Homme, dont l'esprit fut si beau,
Estoient à ce combat venuës,
Ainsi qu'Amazones vestuës,

& des Poëtes.

Pour secourir leur gouuerneur
En Muses de bien & d'honneur.
Outre les armes offensiues
Elles auoient les defensiues.
L'vne auoit vn bon halecret,
Et l'autre vn ioly cabacet.
L'vne vn Thirse & l'autre vne pique:
Toutes ces armes à l'antique
De plus chacune vn arc Turquois,
Et des fléches plein vn carquois.
Enfin ces filles renommées
Vinrent là iusqu'aux dens armées.
Vous m'allez dire asseurément,
Où prendre tout cét armement?
Puis qu'il faut que ie vous le die,
C'est pour joüer la Comedie,
Quand il est feste au firmament,
Et pour cela soigneusement
Tous ces bastons elles conseruent,
Qui d'autre chose ne leur seruent.
Mais pour rien moins que pour cela
Elles les prirent ce jour-là.
Iupiter fit mauuaise mine,
Voyant cette guerre intestine,

B

Combat des Parques,
Et ie gagerois bien qu'il fit
Grand peur à quiconque le vit
Du fouet garny de sonnettes,
Sur les Parques, sur les Poëtes,
Sur les Muses, sur le Destin,
Sur les Dames au vilain crin,
Ce sont les horribles Gorgones
Et les Eumenides felones ;
Excepté sur maistre Apollon,
Qu'il nomma pourtant violon,
Il fit vne rude décharge,
Qui luy fit faire bien-tost large.
De respect, ou de peur des coups,
Chacun deuant luy fila doux.
Puis il voulut sçauoir la chose,
Et qui du mal estoit la cause.
Apollon pour préocuper,
Sire, on ne deuoit pas couper,
Dit-il, la trame de Voitture,
Si rare en versification,
Et qui n'estoit pas si cassé,
Qu'on ne s'en fust fort bien passé.
Meslez-vous de vostre Parnasse,
Et que chacun son mestier fasse,

Dit Cloton, nous auons coupé
Le fil d'vn homme bien huppé,
Pour venir quereller les Parques,
Qui coupent bien ceux des Monarques.
Ha vrayment Messire Apollon,
Vous estes vn bon violon;
Et vous & vos pedantes Muses,
En vertu de vos cornemuses,
Et de vostre art de bien jaser,
Pensez-vous immortaliser,
Et faire eternellement viure
Vn homme aussi bien que son Liure ?
Vous y perdrez vostre Latin :
Par nostre maistre le Destin
Les trames nous sont mesurées,
Si tost qu'elles sont expirées,
Auec vn beau coup de cizeau,
Crac, le voila dans le tombeau,
Quel qu'il soit, fust-il à Voitture
Comparable en bonne escriture ;
Ainsi parla Dame Cloton.
Apollon pour prendre son ton,
Et pour ne pas haranguer rude,
Fit entre ses dents vn prelude,

Combat des Parques,

Puis apres s'estant auancé,
Le visage vn peu courroucé,
Comme il pensoit ouurir la bouche,
Le grand Iupin d'vn œil farouche
Le regarda si fierement,
Que le pauuret facilement
Oublia ce qu'il vouloit dire.
Tout le monde s'en prit à rire,
Et sur tous les faiseurs de Vers;
Mais autre regard de trauers,
A toute la troupe rieuse
Fit prendre mine serieuse.
Puis rigide comme vn Caton,
Et branslant le maistre baston,
(Ce baston garny de sonnettes,
Que les Parques & les Poëtes
Regarderent auec respect)
Fit sortir de son diuin bec,
Telles & semblables paroles.
Iamais les entreprises foles
N'apportent aux entrepreneurs
Que des affronts & deshonneurs.
Si ce que ie dis quelqu'vn touche,
Quiconque est le morueux, se mouche,

Et ne fasse plus le méchant,
Il n'en seroit pas bon marchant.
Qui sçait mieux que moy que Voiture
Fut une aimable creature ?
Il est mort ; il estoit mortel,
Comme sous les Cieux tout est tel.
On me dira, c'est grand dommage.
C'est peut-estre son aduantage.
Peut-estre mourant plus cassé,
Ne fust-il pas mort bien sensé.
I'ay veu tel bel esprit en herbe,
Pour estre trop tard mis en gerbe,
Perdre son bel esprit tout net,
Tesmoin le petit Francinet.
Certes Voiture fut un homme
Digne de Paris & de Rome.
Ce fut un esprit excellent,
Qui n'a rien fait que de gallant ;
Et ie feray que ses ouurages
Seront fameux dans tous les âges.
Vn certain homme qui n'est pas
De ces malheureux esprits bas,
Qui ne font iamais que copies,
Comme font Sansonnets & Pies,

Oyseaux d'vn naturel voleur,
Et qui ne chantent rien du leur.
Cet homme donc rare & celebre,
A fait vne pompe funebre,
Laquelle, s'il la met au jour,
Rauira la Ville & la Cour.
Autrefois pour railler Voitture,
On dit adieu la Voitture,
Comme on dit le grand Pan est mort,
Quand vn trespas importe fort.
Ie veux abolir la Voitture,
Qu'on dise au lieu de Pan, Voitture.
Quiconque ne le fera pas,
Sera puny d'vn prompt trespas.
Certes le renom de Voitture,
Cette adorable creature,
Autant que le monde viura,
Ou Iupiter ne le pourra.
Cà donc pour commencer la chose,
Que chacun, non à bouche close,
Mais crie ainsi que moy bien fort,
Voitture est mort, Voitture est mort.
Les Dieux, Parques, Muses, Poëtes
N'eurent pas les bouches muetes,

Chacun cria & recria,
Et plus d'un d'eux s'en enroüa.
Voitture seul par modestie
Ne tint pas aussi sa partie :
Quoy que rauy de tant d'honneur,
Tandis que dura la clameur,
Il eut comme vn homme bien sage,
Rouge pudeur sur le visage,
Et cria, les yeux abbaissez,
Monsieur Iupiter c'est assez.
Voila comme finit la guerre,
Puis apres le lance-tonnerre
Fit les deux partis embrasser,
Enuoya les blessez penser,
Fit rendre les fuseaux aux Parques,
Et les Auteurs portans leurs marques,
Suiuirent leur maistre Apollon,
Bien fâché de son violon,
Et de ce que son entreprise
N'auoit pas esté si bien prise,
Qu'il se l'estoit imaginé.
Mais comme bien moriginé,
Il ne remua pas l'affaire,
Voyant qu'il n'y pouuoit rien faire.

Et i'ay sceu depuis peu de temps,
Qu'ils ont depuis vescu contens,
Et que le bien-heureux Voitture
Est au Ciel en bonne posture,
Et bien mieux qu'il n'estoit icy,
Dieu vueille que i'y sois aussi.

Amen.

INVOCATION

INVOCATION AVX MVSES, SVR LA PRISE DE TORTOSE,

PAR MONSEIGNEVR LE MARESCHAL DE SCHOMBERG.

MVSES, c'est vous que ie cherche,
I'ay besoin de vostre secours,
Laissez pour vn temps sur la perche
Vos vestemens de tous les iours:

Inuocation aux Muses,

Venez à moy toutes parées,
Non pas en faiseuses de Vers,
Auec vn bonnet de trauers,
Et des manchettes déchirées ;
Ou comme des meneuses d'Ours :
Mais auec vos plus beaux atours,
Et n'oubliez pas sur vos testes
Ces grands chaperons de velours,
Aussi releuez que des crestes,
Qui ne seruent qu'aux grandes festes.

Quand vous sçaurez pour quelle af-
Ie montre tant d'empressement, (faire
Vostre troupe m'en fera faire
Pour le moins vn remerciment.
Mais peut-estre les canonades,
Le bruit des guerrieres aubades,
Le son des cloches & les cris
Qui retentissent dans Paris,
Vous ont appris desia la chose,
Et comme l'on a pris Tortose.
Car c'est pour cette seule cause

sur la prise de Tortose.

Que ie vous fais venir icy.
Mais vous a-t'on appris aussi
Le nom de ce merueilleux homme,
Qui force les villes ainsi ?
Ou faut-il que ie vous le nomme ?

❊

C'est Schöberg, & c'est tout vous dire,
Qui mesme est de vos Nourrissons,
Qui quand il veut fait des chansons,
Que tout vostre Parnasse admire.
C'est Schomberg, de qui Cerbelon
Aprit à iouër du talon ;
Ie ne puis en parler sans rire :
Il pensoit le fier Bazané,
Que contre vn camp bastioné,
Son incomparable aduersaire
Ne feroit que l'eau toute claire.
Mais alors qu'il vit le contraire,
Ie croy qu'il fut bien estonné.

Inuocation aux Muses,

❃

La pauure Laucate assiegée,
Mais assiegée estroitement,
Ne pouuoit pas humainement
S'empescher d'estre saccagée.
Nostre Mars vint, vit, & vainquit,
Et le camp ennemy conquit,
Non par vne victoire aisée :
Pour démêler cette fusée ;
Qu'il eut de coups, qu'il en donna,
Que de gens il desarçonna,
Qui sur luy prirent leur visée,
Et que sa mine en estonna,
Qui deuant que sentir ses armes,
Comme frapez de quelques charmes,
Ou gens qui tombent du haut mal,
Cheurent aux pieds de son cheual.

❃

Mais pourquoy vous dire vne chose,
Que vous ne sçauez que trop bien,

sur la prise de Tortose.

Ny mesme parler de Tortose?
L'Histoire n'en oublira rien.
Toute la terre est desia pleine
Du nom de ce grand Capitaine.
Et cette derniere action,
Qui plus que le soleil éclaire,
Est comme ce grand luminaire,
Connuë à chaque nation.
Sans en faire donc mention,
Tout ce que vous auez à faire,

C'est de chanter au son du Luth
Cette action toute heroïque,
En bon, Vt, ré, mi, fa, sol, vt,
C'est à dire bonne Musique.
Ioignez-y le Psalterion,
Le Clauessin, & la Guiterre,
L'Orgue, & le Manichordion,
Mesme les instruments de guerre.
I'ay fagotté pour cet effect
Vne Ode, quoy que telle quelle,
Et composée à la chandelle,

Invocation aux Muses,

Qui passera pourtant pour belle,
Pourueu qu'on vueille iuger d'elle
Par l'excellence du sujet,
Et par la chaleur de mon zele.

Mais Pucelles incomparables,
Dites-moy, trouuerez vous bon,
Si parmy vos voix admirables
Ie mesle ma voix de chapon?
Ie feray quelque discordance,
Mais ie ne suis pas le premier
De ceux qui chantent faux en France
Et ne seray pas le dernier.
Cà, chantons donc à toute outrance,
En si beau sujet de chanter,
Se taire est vne impertinence.
Mais; ô quelle réioüissance!
Si ie pouuois aussi sauter,
Fust-ce sans mesure & cadence.

CHORVS DES MVSES
A
MONSEIGNEVR
DE
SCHOMBERG.

Qve vous ayez sauué Laucate,
Action qui par tout éclatte,
On ne s'en estonne pas fort:
Ny que vous ayez pris Tortose ;
Car auoir conquis Hautefort,
Est sans doute toute autre chose.

Ce font deux filles immortelles,
Que ces deux victoires si belles,
Et chacun vous estime fort,
Et pour Laucate, & pour Tortose;
Donnez vn fils à Hautefort,
Et vous ferez toute autre chose.

S'il a la beauté de sa Mere,
L'extreme valeur de son Pere,
La mine & l'esprit de tous deux;
Apres Laucate, apres Tortose,
Donner vn fils semblable aux Dieux,
Peut-on souhaitter autre chose?

SCARRON.

EPISTRE

EPISTRE A MADAME LA COMTESSE DE FIESQVE,

Pour auoir vne Chienne qu'elle luy auoit promis.

Diuine Comteſſe de Fieſque,
Le petit Poëte Burleſque
Attend vn chien de voſtre part:
Mais au lieu d'en auoir ſa part,
S'il n'a qu'vne deffaite ſeiche,
I'ay peur que ſon eſprit de meiche,
Qui s'eſchauffe ſouuent pour peu,
Pour ſon malheur ne prenne feu.

D

A la Comtesse

Il aymera voſtre Eſpagneule,
Autant & plus que ſa filleule,
Croyez-le puis qu'il vous le dit,
Il la fera peindre en petit.
Il luy deſtine vne parente,
Pour luy ſeruir de gouuernante,
Qu'il fera venir tout exprés
Par le coche à beaucoup de frais.
Deux chiens ſans queuë & ſans oreilles,
Qui ſçauent ſaulter à merueilles,
Pour le Roy Louis de Bourbon,
Et pour le Roy d'Eſpagne non :
Luy monſtreront mille ſoupleſſes,
Mille ſauts, mille gentilleſſes.
Ils ſont chiens de bonne maiſon,
Et qui meſme ont quelque raiſon.
De plus elle aura pour ſoubrette
Vne fort honneſte barbette,
Et pour Lacquais vn petit chien,
Qui tourne la broche fort bien.
Enfin ie la tiendray ſi leſte,
Que la Canicule celeſte,
Comme tous chiens ſont enuieux,
En enragera dans les Cieux.

Le chien du bon fils de Tobie,
S'il viuoit en mourroit d'enuie :
Ou dans Paris point n'en sera,
Ou jasmin le parfumera,
Depuis le sommet de la teste,
Iusqu'où les chiens s'entre-font feste.
Or voila tout ce que ie puis
Vous dire, begue que ie suis :
Voila Comtesse magnifique,
Tout ce que i'ay de Rhetorique.
Vous m'auez promis vn Toutou,
Ie croy que i'en deuiendray fou.
Si vous me manquez de parole,
Ie diray que ma teste fole
Aura crû trop facilement
Femme de Cour qui souuent ment.
Mais i'allonge vn peu trop mon conte,
Comtesse dont ie fais grand compte,
Ayez tousiours l'esprit content,
Et tousiours de l'argent comptant :
Et vostre mary le grand Comte,
Dont tousiours tant de bien ie conte,
Puissiez-vous tous deux dans cent ans
Conter contes à vos enfans.

A la Comtesse de Fiesque.

Mais ne faites plus de femelles,
Faites des enfans sans mamelles,
Les garçons valent beaucoup mieux,
Ils ne pissent iamais sous eux,
Ils pissent contre la muraille,
Vous en ferez de belle taille.
Excusez ce discours hardy.
De nostre Chaise apres midy,
L'an que le sieur de Benserade
N'alla point en son Ambassade.

ROGATVM,
A MESSIEVRS TVBEVF, LIONNE ET BERTILLAC,
Pour estre payé de sa pension.

Braue Tubeuf, braue Lionne,
En qui toute vertu foisonne:
Braue Bertillac Tresorier,
Qui ne te fais long-temps prier.
Nobles Messieurs, sans vous l'apprendre,
Il vous est aisé de comprendre,
Que ces petits Vers mal polis
Ne sont pas Stances pour Filis.
Ils ne sont que l'humble priere
D'vn homme voisin de la biere:

Rogatum.

Mais qui deuant que s'y gister,
A besoin de s'alimenter.
Nostre tres-charitable Reine,
A laquelle ie suis sans peine,
Tres-humble & tres, & cætera,
De laquelle le nom viura,
Dans la bouche de tous les hommes,
Tant de ceux du siecle où nous sommes,
Que de ceux du siecle à venir.
Cette Reine qu'on doit benir
Quatre fois durant quatre années,
M'a quinze cens liures données.
C'est icy la cinquiéme fois,
Par l'ordre & les mains de vous trois,
Que cette adorable Personne
La pareille somme m'ordonne.
Si bien que Lionne ordonnant,
Tubeuf l'ordonnance signant,
Bertillac deliurant la somme,
Ie me verray de tres-pauure homme,
Plus riche de cinq cens escus.
Mes creanciers ne viendront plus
M'importuner de faire montre:
Ces gens de mauuaise rencontre,

Rogatum.

Estiment bien moins vn quadrain,
Qu'vne medaille de Varain:
Vn bout rimé, quoy qu'à la mode,
Des Stances, vn Sonnet, vne Ode,
Ne les peuuent iamais flechir,
Et contre eux ne font que blanchir.
Mais c'est trop parler de ces traistres.
Ce consideré, mes chers Maistres,
Et que le siecle est indigent,
Que chacun a besoin d'argent;
Qu'en obtenir est chose vtile,
En refuser chose facile,
En donner tres-noblement fait.
Ne me retardez point l'effet
De la charité de la Reine,
Non pas que i'en vaille la peine.
Ie vous confesse que de moy,
Ie ne vaux pas l'eau que ie boy
Mais le Dieu qui les bons guerdonne,
Sans doute vous la rendra bonne;
Si bonne vous me la donnez,
Si promptement vous ordonnez,
Et qu'apres la prompte ordonnance,
Vne plus prompte deliurance

Rogatum.

Me mette l'esprit en repos.
Il seroit sans doute à propos,
Que mon visage ie montrasse,
Et que chez vous ie m'en allasse
Solliciter mon payement :
Ie le ferois tres-gayement,
Et mesme i'en ay quelque enuie :
Mais i'ay fait vœu durant ma vie
De ne marcher beaucoup ny peu.
Laissez-moy donc garder mon vœu,
Nostre Muse desaffamée,
Fera que vostre renommée
Gallopera par l'Vniuers
Sur le dos de mes petits Vers.
Vostre nom graué dans le bronze,
Il me faut la rime de Bonze,
Et l'on n'en trouue qu'au Iapon.
Mettons, si vous le trouuez bon,
Au lieu de bronze, airain ou cuiure.
Ie feray donc vos trois noms viure
Dans quelqu'vn de ces durs metaux;
Les Sauuages Occidentaux,
Ceux deuant lesquels l'œil du monde
Peigne sa cheuelure blonde;

Rogatum.

Ceux qui bruslent vers le Midy,
Ceux à qui le Nord engourdy,
Rend en tout temps les mains jerſées,
Qui marchent ſur les Mers glacées,
Bref, les Abiſſins, les Lapons,
Les Ameriquains, les Iapons;
Enfin par tout où gens demeurent,
Si mes Vers en chemin ne meurent:
En reuanche du payement,
(De ce ne doutez nullement)
On ſçaura quelles gens vous eſtes.
Ainſi promettent les Poëtes.
Et cela vaut bien de l'argent:
Mais foy de Poëte indigent,
Ce que tous les Autheurs demandent,
Vaut beaucoup mieux que ce qu'ils
   rendent.
Les eſcus ſont touſiours eſcus,
Les Vers deuiennent torche-cus.
Si l'on ne payoit point les Muſes,
Elles deuiendroient bien camuſes,
On ne feroit plus Rogatums,
On n'imprimeroit que Factums,

Rogatum.

Courbé, Quinet & Sommauille,
Finiroient leur guerre ciuille,
Et ne s'entreplaideroient plus
Pour Cassandre ou l'Heraclius.
Tel Autheur va bien à son aise,
En carosse, cheual ou chaise,
Qui seroit reduit à son pié,
Fust-il Autheur estropié.
Sans ma pension de la Reyne,
Ie ne pourrois qu'à grande peine
Me nourrir, & les hommes fors,
Qui transportent mon chien de corps,
Asseurément Muse affamée
Ayme mieux or que renomée,
Laquelle ne fait rien qu'enfler.
Le sansonnet tasche à siffler,
Plustost pour manger que pour plaire,
La recompense fait bien faire.
Si mon pere m'eust fait coëffé,
Et qu'il eust moins philosophé,
Il eust amassé dauantage.
Pour moy qui ne suis pas si sage,

Rogatum.

J'aurois brigué le Consulat,
Et laissé là l'Apostolat :
Mais minuit qui sonne aux Minimes,
Vous va deliurer de mes rimes ;
Deliurez-moy bien-tost aussi
Cinq cens escus, & grand mercy.

SCARRON.

A MONSIEVR DV LAVRANT,

RECOMMANDATION.

SCauant Conseiller des Requestes,
Où l'on voit tant de bonnes testes,
Et tant de Iuges, ce dit-on,
Dont le moindre vaut vn Caton:
(Bon-heur en quoy certes ie fonde
L'espoir qui me reste en ce monde)
Vous voyez, sage du Laurant,
Qu'vn mal, iour & nuit empirant,
Et belle-mere encore pire,
M'empeschent iour & nuit de rire;

Recommandation.

Vous voyez que feu mon papa,
Vn bon homme qu'elle pipa,
Dans lettre de sa main escritte,
Reconnoit que cette hypocrite
Aymoit beaucoup le quart-d'escu :
Et si le bon homme eût vescu,
Qu'il eût frappé sur la marastre,
Comme l'on fait dessus du plastre,
C'est à dire roüer de coups ;
Pourquoy donc ne nous iugez-vous?
Nulle faueur ie ne demande,
Pardonnez-moy si i'apprehende,
(Quoy que vous soyez plein d'honneur)
Que le procez tire en longueur.
Voicy la quatriesme année,
Que ma carcasse decharnée
Sans la Reyne mourroit de faim,
Me refuserez-vous du pain ?
Souffrirez-vous qu'vne Donzelle,
Et qu'vn Procureur digne d'elle,
Tous deux vrais Diables en procez,
Se disent maistres du succez
D'vne affaire que l'auarice,
Et la chicane, & l'artifice,

E iij

Font durer depuis si long-temps,
Malgré les Iuges & leurs dens ?
Cét homme, dont l'ame est plus noire
Que l'ancre de son écritoire,
Iure que deuant mon trespas
Le procez ne finira pas.
Que pense-ton que ie deuienne,
Quels discours veut-on que ie tienne,
Si ce procez long à iuger
Ne me laisse de quoy manger ?
Qu'vn Iuge soit incorruptible,
Point auare, point susceptible
De iuger auec passion,
S'il est en l'expedition
Sujet à quelque negligence :
N'en déplaise à iurisprudence,
Il est pis qu'vn interessé,
Qui iuge au moins estant graissé,
Où celuy qui se croit integre
De son visage de vinaigre,
Et de son iniuste longueur
Fait mourir les gens de langueur.
Cela n'est pas de vous à craindre,
Et de vous on ne se peut plaindre,

Recommandation.

Vous iugez auec équité,
Par vous le pauure est écouté,
De mesme façon que le riche,
D'audience vous n'estes chiche :
Aussi Dieu ne vous le sera,
Tousiours il vous écoutera,
Quand vous ferez vos patenôtres :
Il fait comme l'on fait aux autres,
Et pour vn, rend pour le moins cent
Au protecteur de l'innocent.

EPITAPHE,
Sur vne Dame qui mourut constipée.

CY gist qui se plut tant à prendre,
Et qui l'auoit si bien appris,
Qu'elle aima mieux mourir que rendre
Vn remede qu'elle auoit pris.

EPIGRAMME,

Contre vne Chicaneuse.

Grand nez digne d'vn camouflet,
Belle au poil de couleur d'orange,
Maschoire à receuoir soufflet,
Portrait de quelque mauuais Ange:

Face large d'vn pied de Roy,
Gros yeux à la prunelle grise,
Tu veux donc plaider contre moy
Iusques à manger ta chemise?

Ah si tu gardes ton serment,
Soit que ie gagne ou que ie perde,
Que i'auray de contentement
De te voir manger tant de merde!

A MADEMOISELLE DE LEVVILLE,

Sur vne visite que luy rendit Madame de Villarceaux, & Madame de la Baziniere.

EPISTRE.

JE vous escris pour vous remercier
Du grand honneur que par vous i'eus hier,
Lors que ie vis ma chambre mal meublée,
Qui n'esperoit vne telle assemblée,

A Mademoiselle

Pleine de gens triez sur le volet :
Cela surprit vostre petit valet,
Qui n'eust manqué d'amender sa figure,
S'il eust preueu cette bonne auanture :
Eust fait razer son visage barbu,
Et fariner son chef de graisse imbu.
Et s'il eust peu faire dresser sa teste,
Qu'il porte vn peu, dit-on, comme vne beste,
Quand on eust deu luy démettre le cou,
(Mais c'eust esté pourtant vn tour de fou.)
Ie croy qu'il eût prié quelque homme adextre
De la tourner vers le costé senestre.
En ce faisant il eust veu pleinement
Dame de tous aymée infiniment,
Qui de luy fut tousiours tant estimée,
Et dont si bien parle la renommée.
C'est vostre sœur, Dame de Villarceau,
De qui l'esprit est sage, bon & beau,
Et tel enfin que l'illustre personne,
Pour qui tousiours ma castagnette sonne,
Et sonnera tousiours comme deuant,
Dedans le sien l'a logé bien auant.
Las ie ne pus la voir bien à mon aise,
Car elle estoit à costé de ma chaise :

Mais ie vis bien à gogo, comme on dit,
Celle de qui tant de rumeur on fit,
Quand elle fut des filles de la Reyne,
Et qu'on peignit par tout en Magdeleine.
Il n'en est pas comme elle en quantité,
Et l'on ne peut, à moins qu'estre hebeté,
N'accorder pas que sans vne riuiere,
Paris seroit bien-tost vn Cimetiere :
Et que ses yeux le mettroient tout en feu,
N'estoit que l'eau le rafraichit vn peu.
Bien pointus sont les traits que son œil darde,
Malheur à qui sans parer les regarde.
Malheur à qui les regarde vn peu trop ;
Et si son nom va par tout le galop,
Il ne faut pas trouuer la chose estrange,
On ne sçauroit trop parler d'vn tel Ange :
On ne sçauroit dire tout ce qu'il faut,
De la diuine & belle Chemeraut.
Pour moy ie tiens cette belle personne,
Aux malheureux tres-pitoyable & bonne :
Et ie vis bien que ie luy fis pitié,
Ie l'en estime & plus de la moitié,
Que ie n'ay fait auant que la connestre.
Heureux celuy que le Ciel a fait naistre
F ij

A Mademoif. de Leuuille.

Pour telle Dame, & qu'il est vray que Dieu,
Quand il la fit, prit plaisir à son jeu.
I'ay fait ces Vers ce matin à la haste.
Mais ce n'est pas d'auiourd'huy que i'en gaste.
Si vous trouuez que tout n'en vaille rien,
Vous en ferez ce que vous sçauez bien.
Ils seront mieux que s'ils couroient la ville.
Et cependant, belle & sage Leuuille,
Qui ne voulez pour des Vers enfanter,
Qu'autant de temps qu'il faut pour les dicter:
Ne doutez point qu'autant qu'à pas-vn autre,
Le pauure Autheur de ces Vers ne soit vostre.

EPIGRAMME.

JE vous ay prise pour vne autre,
Dieu garde tout homme de bien,
D'vn esprit fait comme le vostre,
Et d'vn corps fait comme le mien.

SONNET
OV
EPITAPHE.

CY gist qui fut de bonne taille,
Qui sçauoit danser & chanter,
Faisoit des Vers vaille que vaille,
Et les sçauoit bien reciter.

Sa race auoit quelque antiquaille,
Et pouuoit des Heros compter,
Mesme il auroit donné bataille,
S'il en auoit voulu taster.

Sonnet ou Epitaphe.

*Il parloit fort bien de la Guerre,
Des Cieux, du Globe, de la Terre,
Du droit Ciuil & droit Canon.*

*Et connoissoit assez les choses
Par leurs effets & par leurs causes,
Estoit-il honneste homme ? ha non.*

COVRANTE.

A Dieu belle Cloris,
Il faut parler François;
Apres quatre ou cinq mois
Vous pretendez me payer d'vn soufris.
Ha ce n'est pas ainsi que l'on vit à Paris.
Parlez, car si ie sors,
Ouurez ou fermez vostre porte;
Il ne m'importe,
Ie seray dehors:
Et ie veux bien,
Que le Diable m'emporte,
Si cela fait, vous m'estes iamais rien.

Me

Courante.

Me venir rire au nez,
Est un petit present,
Qui n'est pas suffisant
De radoucir mes esprits mutinez,
Durant quatre ou cinq mois un peu trop
   mal menez.
Ie veux absolument,
Qu'on ferme iour & nuit la porte,
Et qu'on ne sorte
Que tres-rarement;
Car ie sçay bien,
Ou le Diable m'emporte,
Si vous sortez, que ie ne tien plus rien.

COVRANTE.

IE vous ay donné des bijoux,
    Collet, robe & iupe :
Enfin iamais dupe
N'a tant fait pour vous:
Monsieur vostre frere
A fait de grands repas,
Vos sœurs & vostre mere,
Ont eu de bons ducats,
Que ie ne compte pas.

Courante.

Ie vous ay promenée aux champs,
Souuent à ma porte,
Soit que i'entre ou sorte,
Ie voy vos Marchans,
Pour porter à l'aise
Vostre aymable Cu.
Tous les iours vne chaise
Couste vn bel escu
A moy pauure Cocu.

IMPRECATIONS
Contre celuy qui luy a pris son Iuuenal.

S'Il estoit au fonds d'un canal,
Le larron de mon Iuuenal,
Iusqu'à tant que ie l'en tirasse :
Ie ne croy pas que i'en pleurasse,
Ny si ie le voyois un iour,
Par deux vers bourreaux tour à tour,
Accablé de coups d'estriuieres,
Ie ne m'en affligerois gueres.
Il est bien lasche le larron,
De voler le pauure Scarron :

Imprecations.

Eust-il au bout du nez un froncle,
Et que dira Monsieur mon oncle,
A qui le Liure appartenoit?
Si le mal sainct Main le prenoit,
Ou quelque chose encore pire,
Si l'on luy defendoit de rire,
A peine d'estre flagellé;
Ou bien si pour auoir volé,
On le conduisoit cette année
Vers la mer Mediterranée.
S'il luy venoit du mal au cu,
S'il pouuoit deuenir cocu,
Espousant une gourgandine:
S'il se pouuoit courber l'eschine,
Comme moy petit à petit;
S'il pouuoit perdre l'appetit;
S'il rotoit à chaque parolle,
S'il auoit sué la verolle,
Et n'en estoit pas bien guery;
Si pour auoir le nez pourry,
Chacun éuitoit sa rencontre:
S'il voloit un iour quelque montre,
Laquelle se mist à sonner,
Et qu'on l'en daignast bastonner.

Imprecations.

Si Dieu luy donnoit vn beau-pere,
Ou pluſtoſt vne belle-mere;
S'il auoit touſiours le malheur,
De trouuer quelque grand parleur;
S,il perdoit tout ſon bien aux cartes,
S'il luy venoit quatre ou cinq dartes;
S'il ne faiſoit que ſe faſcher,
S'il auoit peine à bien maſcher,
Faute de dents en la genciue;
S'il faiſoit voler ſa ſaliue
Au nez de ceux qu'il entretient:
Si comme à voleur appartient,
On luy mettoit ſur les eſpaules
Les armes du grand Roy des Gaules;
Si l'on le taxoit comme aiſé,
Le Turc qui m'a deualiſé:
S'il auoit aux yeux la chaſſie,
Si quelque pierre en la veſſie
Luy pouuoit boucher l'vrinal,
Ce larron de mon Iuuenal.
S'il auoit l'haleine importune,
Comme d'vn homme qui petune;
Ou s'il eſtoit plus mal voulu,
Celuy qui mon Liure a tollu,

Imprecations.

*Que n'est depuis peu l'Intendance
Dans toutes les Villes de France:
Enfin s'il estoit comme moy.
Mais ce seroit trop sur ma foy,
Et cette derniere pensée
A toute ma haine chassée.
Qu'il garde donc mon Iuuenal,
Sans qu'il en ait ny bien ny mal.
Mais que iamais il n'y reuienne,
Et qu'au Iuuenal il se tienne;
Car s'il y pense reuenir,
Ie ne me pourray pas tenir
De le roüer comme un Dufresne,
Ou du moins le mettre à la chaisne,
Et sans espargner son renom,
De publier par tout son nom.*

FIN.

www.ingramcontent.com/pod-product-compliance
Lightning Source LLC
LaVergne TN
LVHW020958090426
835512LV00009B/1952